BEI GRIN MACHT SICH ....
WISSEN BEZAHLT

- Wir veröffentlichen Ihre Hausarbeit,
  Bachelor- und Masterarbeit

- Ihr eigenes eBook und Buch -
  weltweit in allen wichtigen Shops

- Verdienen Sie an jedem Verkauf

**Jetzt bei www.GRIN.com hochladen
und kostenlos publizieren**

Wojtek Procek

Virtualisierung. Chancen für eine dynamische IT

GRIN Verlag

Bibliografische Information der Deutschen Nationalbibliothek:

Die Deutsche Bibliothek verzeichnet diese Publikation in der Deutschen National-
bibliografie; detaillierte bibliografische Daten sind im Internet über http://dnb.d-
nb.de/ abrufbar.

Impressum:

Copyright © 2013 GRIN Verlag GmbH
Druck und Bindung: Books on Demand GmbH, Norderstedt Germany
ISBN: 978-3-656-94570-3

Dieses Buch bei GRIN:

http://www.grin.com/de/e-book/295733/virtualisierung-chancen-fuer-eine-dynami-
sche-it

GRIN - Your knowledge has value

Der GRIN Verlag publiziert seit 1998 wissenschaftliche Arbeiten von Studenten, Hochschullehrern und anderen Akademikern als eBook und gedrucktes Buch. Die Verlagswebsite www.grin.com ist die ideale Plattform zur Veröffentlichung von Hausarbeiten, Abschlussarbeiten, wissenschaftlichen Aufsätzen, Dissertationen und Fachbüchern.

Besuchen Sie uns im Internet:

http://www.grin.com/

http://www.facebook.com/grincom

http://www.twitter.com/grin_com

Leibniz Akademie Hannover
Wirtschaftsinformatik

Hausarbeit
im Rahmen der Wirtschaftsinformatik im WS 13

Virtualisierung: Chancen für eine dynamische IT

Vorgelegt von:
Wojtek Procek
Abgabetermin: 01.10.2013

Inhaltsverzeichnis

Abbildungsverzeichnis

Tabellenverzeichnis

Abkürzungsverzeichnis

HW – Hardware

RZ – Rechenzentrum

VM – virtuelle Maschine

1 Einführung

Die technologische Vergangenheit im Bereich der Informationstechnologie zeigt bereits einen außergewöhnlich schnelllebigen Fortschritt. Der Mensch kam öfter an die bestehenden Grenzen der Physik, der Informatik und seiner Möglichkeiten. Dabei gilt die Virtualisierung als alternative Lösung um die bestehenden Gesetzte zu umgehen. Das bereits seit 1960 existierende Prinzip der Virtualisierung entwickelte sich in kürzester Zeit zu einem der wichtigsten Schlagwörter für Skalierbarkeit, Wirtschaftlichkeit und Optimierung der Struktur. Besonders in Zeiten dynamischer globalisierter Geschäftsumgebungen ist eine Wettbewerbsfähigkeit unabdingbar für den Erfolg.[1]

Die Virtualisierung ist ein geeignetes Mittel in vielen Kernbereichen der IT, welches die Weiterentwicklung fördern kann. In der Literatur wird bereits von einer Revolution in der IT durch die Virtualisierung gesprochen.[2] Sie wird daher das bestimmende Thema für eine moderne dynamische IT-Infrastruktur sein.

Ziel dieser Seminararbeit ist ein analytischer Blick auf die pluralistischen Virtualisierungstechnologien zu werfen und welche Rolle diese in einer heutigen IT-Struktur einnimmt. Dabei soll aufgezeigt werden, ob eine Virtualisierungslösung augenblicklich nur ein kurzanhaltender Trend ist, und ob aktuelle Schwächen in der Infrastruktur, beispielsweise eines mittelständischen Unternehmens, konservativ oder durch Virtualisierung gelöst werden können.

Die Seminararbeit umfasst insgesamt fünf Kapitel. Im Grundlagenteil in Kapitel zwei wird die Definition, die technologische Basis, der historische Hintergrund, sowie das Prinzip der Virtualisierung beleuchtet. Das Kapitel drei fokussiert die Einsatzmöglichkeiten und –gebiete, Marktübersicht, Vor- und Nachteile und eine Untersuchung unter Berücksichtigung der wirtschaftlichen Ziele. Das Kapitel vier befasst sich mit einer Bewertung und weiterführenden Verbesserungsvorschlägen auf Grundlage des dritten Kapitels. Abschließend folgt in Kapitel fünf eine Zusammenfassung und ein Fazit der Seminararbeitsthese.

---

[1] Vgl. Xu, J. (2009), S.1
[2] Vgl. Brendel, J. (2006), S.3

2 Grundlagen der Virtualisierung

2.1 Definition

Eine weitreichende Definition des Begriffs ist in der Informatik nicht möglich, da er in den vielschichtigen Anwendungsbereichen anders verstanden wird.

Eine in der Fachliteratur deklarierte Definition ist wie folgt dargestellt: „Der Begriff Virtualisierung beschreibt eine Abstraktion von HW-Ressourcen hin zu einer virtuellen Maschine. Dabei wird die tatsächlich vorhandene HW so weit abstrahiert, dass sie zu einzelnen Anteilen zu virtuellen Maschinen zusammengefasst werden kann, die sich ihrerseits wie ein eigenständiger Computer verhalten und die in ihr ausgeführten Operationen auf die tatsächlich vorhandene HW abbilden."[3]

Eine sehr visuelle Darstellung, projiziert auf den Alltag, veranschaulicht die simple Idee der Virtualisierung:

Betrachtet man eine ganz herkömmliche Waschmaschine und bestückt diese mit unterschiedlicher Kleidung. Weiße T-Shirts, bunte Socken, seidene Bettwäsche und ölverschmierte Blaumänner werden durcheinander in die Luke der Waschmaschine hineingelegt. Von außen nicht zu erkennen drehen im Inneren scheinbar verschiedene Trommeln, eine für jede Wäscheart und jede gerade so bemessen, dass sie ihre Charge bequem aufnehmen könnte. Die unterschiedlichen (virtuellen) Trommeln hielten die weißen T-Shirts von den bunten Socken fern und würden verhindern, dass die einzelnen Kleidungsstücke durch das Kochwaschprogramm einlaufen.[4]

Die Virtualisierung ist nach der Definition in zwei Lösungen unterteilt. Einerseits können viele native HW-Systeme zu einem sehr leistungsfähigen virtuellen System verknüpft werden und andererseits können die gegebenen HW-Systeme in viele kleinere VM's unterteilt werden. Diese kleinen virtuellen Instanzen können völlig autonom voneinander unterschiedlichste Aufgaben bearbeiten oder von verschiedenen Anwendern zum Arbeiten genutzt werden.[5]

2.2 Historische Betrachtung

Die Virtualisierung als neues Trendthema wurde erst zu Beginn des 21. Jahrhundert, besonders durch die weltgrößte Computermesse CeBit getragen, populär. Gemeinsam mit dem Schlagwort Green IT wurde von der IT-Branche ein neues technologisches Zeitalter eingeläutet, was hohe Effizienz, Kostenreduzierung und

---

[3] Thorns, F. (2008), S.19
[4] Vgl. Chroust, M. et al.,(2006), S.7
[5] Vgl. Thorns, F., S.19 (2008)

vereinfachte Administrierung versprach.[6] Jedoch entstand die Grundidee bereits Ende der fünfziger Jahre. Christopher Strachey arbeitete an einer optimalen Ausnutzung der wertvollen Rechenzeit. Strachey's erfand den Ansatz eines logischen Prozessors, auf der Applikationen wie auf einem physikalischen Prozessor ausgeführt werden können.[7] Infolge solcher epochalen Erfindungen und die Vermarktung der ersten kommerziell erhältlichen Maschine, gab es erstmals die Aussicht auf Basis der Virtualisierung ein Mehrbenutzersystem zu schaffen.[8] Hierfür wurde die vorhandene Prozessorzeit des verfügbaren Prozessors unterteilt und den Benutzern als sogenannte Timeslots zugewiesen. Der Prozessor konnte somit nach einem vordefinierten Plan die Aufgaben abarbeiten.

Es folgte der Schritt in den Massenmarkt durch die Veröffentlichung des Produktes VMware Workstation der Firma VMware im Jahre 1999. Damit konnte VMware bereits früh die dominierende Rolle einnehmen und bis heute behaupten.[9] Gemessen am Erfolg des Produktes VMware Workstation entwickelten auch andere Hersteller weitgreifende Virtualisierunglösungen.

2.3 Prozessortheorie

Um das Verständnis der Virtualisierung zu verinnerlichen ist eine Betrachtung der Prozessorarchitektur erforderlich. Nach Gübeli et al. bilden Prozessoren, als die zentrale Recheneinheit, den Kern eines Computersystems. Sie lesen und verarbeiten die notwendigen Informationen einer Operation.[10] Ähnlich dem OSI-Schichtenmodell arbeitet ein Prozessor beim Ausführen von Befehlen und Aktionen mit einem sog. Ring-Modell. Es beschreibt die hierarchische Beziehung bei der unterschiedlichen Kommunikation zwischen Computersystemen.[11] Hierbei verwendet der Prozessor privilegierte und nicht privilegierte Bereiche, um die anstehenden Operationen zu verarbeiten. Mittels der Beziehung zwischen Applikationen, Betriebssystem und HW ist alles strikt hierarchisch geregelt. Folglich hat eine Applikation vorerst nur einen eingeschränkten Zugriff auf die HW-Ressourcen. Der Zugriff wird erst durch das Betriebssystem geregelt. Betrachtet man das Ring-Modell, wird zwischen vier

---

[6] Vgl. Stelzhammer, P. (2009), S.31

[7] Vgl. Sturm, Ch. Et al (2009), S. 53

[8] Vgl. Scheiber, A., S.13 (2012)

[9] Vgl. Kofler, M. (2008), S.1049

[10] Vgl. Gübeli,R. et al. (2004), S. 21

[11] Vgl. Conrad,E. (2012), S.259f

Berechtigungsstufen unterschieden, wobei die Privilegierung vom inneren Kern zum äußeren Kern abnimmt.

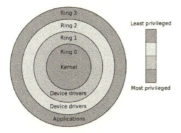

Abbildung 1: Ring-Modell

Wie anhand der Abbildung 1 zu sehen ist, besteht das Modell aus vier Ringen. Der innerste Ring, Ring 0, besitzt dabei den höchsten privilegierten Zugriff auf die Ressourcen. Man bezeichnet diese Stufe auch als Kernel-Mode. Das Betriebssystem arbeitet auf dem Ring 0 und verfügt so über den absoluten Zugriff auf die HW-Ressourcen wie Speicher, Netzwerk und Rechenkapazität.[12] Ring 1 und 2 sind heute nicht mehr relevant und werden selten genutzt. Der äußerste Ring (3) ist die Applikationsstufe. Man spricht hier vom User-Mode.[13] Sollte eine Anwendung eine Operation ausführen wollen, die außerhalb der im User-Mode verfügbaren Rechte und Ressourcen hinausgeht muss zuvor ein Systemaufruf, der sogenannte Syscall, durch die Anwendung initiieren werden. Der Syscall ist zuständig dafür, dass das Betriebssystem weiter die Kontrolle über das Rechnersystem beibehält, den Prozessor in den Kernel-Mode schaltet und die von der Anwendung geforderte Operation ausführt.[14]

2.4 Prinzip der Virtualisierung

In Bezug auf die Virtualisierung ist das Verständnis des Ring-Modells insofern notwendig, als dass das eigentliche Kernstück der Virtualisierung zum Bestandteil des Ring-Modells wird. Insofern muss eine weitere Schicht zwischen dem Betriebssystem und der HW platziert werden. Diese Virtualisierungsschicht stellt eine dünne Schicht an Code dar, welche sämtliche Befehle für die einzelnen, auf dieser Schicht aufsetzenden Betriebssysteme, abfängt, prüft und ggf. verändert, so dass die Befehle unter den Vorgaben der VM ausgeführt werden. Dieses Betriebssystem ist übergeordnet zu sehen und hat demnach privilegierte Kontrolle über die gesamten

---

[12] Vgl. Picht, H. (2009), S. 116
[13] Vgl. Achilles, A. (2006), S. 11
[14] Vgl. Thorns, F. (2008), S.24

HW-Ressourcen.[15] Je nach Arbeitsweise wird diese Virtualisierungsschicht als Hypervisor oder Virtual Machine Monitor, kurz VMM, bezeichnet. Der Begriff des Hypervisors hat sich mittlerweile etabliert. Die Begrifflichkeit stammt aus dem Griechischen und Lateinischen. Dabei steht das griechische Wort *hyper* für über, während *visor* eine lateinische Ableitung des Wortes *videre* ist und so viel wie sehen bedeutet. Picht beschreibt diese Wortzusammensetzung folgendermaßen. „Dieses zweideutige Wort ist hier nicht als *übersehen* im Sinne von *nicht sehen* gemeint, sondern im Sinne von *die Aufsicht über etwas haben* bzw. etwas *zu überwachen, zu überblicken.*"[16]

Es beschreibt schon sehr genau das Aufgabenspektrum dieser Abstraktionsschicht. Der Hypervisor als eigenständiges Betriebssystem wird in Ring 0 platziert und hat somit einen totalen Zugriff auf die Ressourcen. Die sonstigen Betriebssysteme laufen als virtuelle Gastsysteme in höher befindlichen Ringen.[17] Bei diesen Gastsystemen spricht man von virtuellen Maschinen (VM). Durch die beschriebene Verlagerung des Hypervisors in den Ring 0 ist es nun möglich beliebig viele weitere Betriebssysteminstanzen auf höheren Ringen zu betreiben. Die HW-Ressourcen bilden hierbei die Limitierung für die Anzahl der VM's. Nach Larisch liegt der Nutzen einer solchen Lösung in besonders in guten Performancewerten und einer nachhaltigen Minimierung der Gesamtbetriebskosten der Rechenzentrumsinfrastruktur.[18]

2.5 Ansätze der Virtualisierung

Aufgrund der Historie entstanden im Laufe der Zeit unterschiedlichste Strategien für eine virtualisierte Umgebung. Inzwischen existieren zahlreiche Lösungen, die für unterschiedlichste Einsatzmöglichkeiten implementiert werden können. Zu differenzieren sind die Emulation, die HW-gestützte Virtualisierung und die Paravirtualisierung.[19]

Bei der Emulation wird eine Software zur detailgetreuen Realisierung eines vollständigen Computersystems angewendet. Der Unterschied zu anderen Virtualisierungsformen ist dabei, dass die VM's in einem nicht nativen Prozessor ausgeführt werden. Der Emulator erlaubt die Ausführung von Software auf Systemtypen, für die sie im Ursprung nicht entwickelt wurde und auf nicht

[15] Vgl. Van Wasen, T. (2010), S. 15
[16] Picht,H. (2009), S.12f
[17] Vgl. Thorns, F. (2008), S.27
[18] Vgl. Scheiber, A. (2012), S.16
[19] Vgl. Weyergraf, T. (2009), S.8

verifizierten Systemen.[20] Trotz des technologischen Alters ist die Emulation in Hinsicht auf Flexibilität nicht zu vernachlässigen. Denn es kann eine Vielzahl an Emulatoren parallel ausgeführt werden, um verschiedenste Maschinenlandschaften auf einem System zu verwirklichen.

Ein weiterer Ansatz bietet die HW-Virtualisierung der klassischen Virtualisierung. Dabei werden physikalische Computersysteme in VM's oberhalb der Ring-Schicht 0 abstrahiert. Eine VM wird daraufhin aus Software-Komponenten, z.B. einen Prozessor, einem virtuellen Speicherzugriff oder eine virtuelle Festplatte nachgebildet und der VM wird es als nativ imitiert.[21] Durch diesen Ansatz können mehrere VM's auf der Computer-HW parallel betrieben werden. Diese nutzen gemeinsam die native HW des Hostsystems und sind voneinander autark. Dadurch beeinflussen sich die virtuellen Systeme nicht gegenseitig. Ferner ist es möglich unterschiedlichste Betriebssystemstrukturen(Windows, Unix, Linux, MacOS etc.) auf einer HW-Plattform zu betreiben. Hier ist zu beachten, in welcher Form das System auf dem Speichermedium vorliegt. Wenn dabei Dateien in einem Ordner sind spricht man von Containervirtualisierung. In der Literatur wird hierbei nicht mehr von virtueller Maschine gesprochen, sondern von Containern oder Jails.[22] Als Koordinator dient hier der bereits beschriebene Hypervisor. Dieser kümmert sich um eine homogene Skalierung und steuert den Zugriff.

Die Paravirtualisierung beschäftigt sich mit dem Grundgedanken, eine spezielle Softwareschicht zwischen Host-HW und Gast-Betriebssystemen zu schieben, die die gegebenen Ressourcen über spezielle Schnittstellen den Gastsystemen zur Verfügung stellt.[23] Der Begriff *para* kommt aus dem Griechischen und steht für *neben* bzw. *darüber*. Auch hier wird ein Hypervisor bzw. ein VMM als Softwareschicht verwendet. Dieser übersetzt die Aufrufe der Gastsysteme für die reale HW.[24] Marktführer für paravirtualisierte Lösungen sind vor allem die beiden Hersteller Citrix und VMware mit Ihren Produkten Citrix Xen und VMware ESX. Inzwischen haben sich Mischformen aus HW-gestützten und paravirtualisierten Lösungen gefestigt und durchgesetzt.

---

[20] Vgl. Radonic, A. et al. (2006), S.59
[21] Vgl. Meinel,C. et al. (2011), S.13
[22] Vgl. Meinel, C et.al (2011), S.17f
[23] Vgl. Weyergraf, T. (2009), S.10
[24] Vgl. Kofler, M. (2011), S. 270

Die Ansätze verdeutlichen, wie unterschiedlich manche Begriffe durch die wissenschaftliche Fachwelt verwendet werden. Am Beispiel der Containervirtualisierung wird der Begriff nach Thorns im Rahmen der Paravirtualisierung eingesetzt.[25] Während Picht die VM als emulierte Laufzeitumgebung für Anwendungen in der Containervirtualisierung versteht.[26] Die Wirklichkeit zeigt, dass es keine konkrete Abgrenzung dieser Ansätze gibt. Vielmehr profitieren die Ansätze mit ihren Technologien und Verfahren voneinander und ermöglichen so ein individuelles Einsatzszenario.

3 Analytische Begutachtung der Virtualisierungstechnologien

3.1 Einsatzmöglichkeiten und Einsatzgebiete

Die Virtualisierung sollte als Ausgangspunkt für weitere Anwendungen, wie bspw. für eine Hochverfügbarkeit oder ein umfassendes Backupsystem, appliziert werden. Das Potenzial der Virtualisierung ist aktuell bereits größer, als es die wissenschaftliche Diskussion im Rahmen dieser Seminararbeit ermöglicht. Dennoch haben sich einige Szenarien herauskristallisiert, die im besonderen Maße die Stärken der Virtualisierung ausspielen. Es werden einige Use Cases im Virtualisierungsumfeld erläutert.

Der stark in der Virtualisierung vorkommende Begriff der Systemkonsolidierung beleuchtet Umwandlungen physikalischer Systeme in virtuelle Systeme. Hierbei wird in der Literatur von P2V gesprochen.[27] Nach Thorns existieren in den heutigen Rechenzentren, beschleunigt durch den raschen Anstieg von Systemen in den neunziger Jahren, noch unzählige Altlasten, die einerseits geschäftskritische Dienste erbringen, andererseits aber aufgrund ihres Alters technologisch über wenig Rechenleistung verfügen und im Vergleich zu aktuellen Systemen pro Leistung deutlich mehr Energie verbrauchen.[28] Besonders durch den technologischen Fortschritt sinkt der Energieaufwand pro Rechenleistung. Mit Hilfe der Konsolidierung lässt sich also die Mehrleistung der heutigen Systeme gegenüber älteren Systemen effizient nutzen.[29]

---

[25] Vgl. Thorns, F. (2008), S.32
[26] Vgl. Picht,H. (2009), S.16
[27] Vgl. Picht, H. (2009), S.190
[28] Vgl. Thorns, F. (2008), S.47
[29] Vgl. Lampe,F. (2010), S.12

Ein weiteres großes Thema in der IT sind Schulungen. Aktuelle Praxiskomponenten sind entscheidend für den Wissenszuwachs. Jedoch sind native HW-Systeme sehr kostspielig. Eine kostengünstigere Option ist die Bereitstellung virtueller Systeme. In diesem Fall kann pro Seminar ein dediziertes Image vorbereitet werden und die Teilnehmer erhalten die Zugangsdaten zu ihrem jeweiligen virtuellen System. Via Snapshot-Funktionen können jederzeit Ereignisse persistent abgelegt werden. Ebenfalls können weitere Kopien für Experimente angelegt werden, die, je nach Ergebnis des Experiments, verworfen werden können, ohne dabei den vorherigen Systemzustand zu verlieren. Sollte es zu einem Fehler innerhalb eines Systems kommen, kann das betreffende System schnell wiederhergestellt werden. Eine enorme Motivation durch den Einsatz der Virtualisierung liegt außerdem im Bereich von Prüfungen oder Praxisaufgaben. Ein spezielles Systemimages kann für eine konkrete Aufgabe – etwa durch gezielte Fehlkonfiguration – vorbereitet und allen Teilnehmern als virtuelles System zur Verfügung gestellt werden. Alle Teilnehmer haben ihre jeweilige Systeminstanz dann so zu konfigurieren, dass sie entweder die Fehlkonfiguration korrigieren oder ein bestimmtes Verhalten eintritt.[30]

Ein weiterer Aspekt dieser Grundidee wäre der Einsatz einer Support- bzw. Testumgebung für die IT-Fachkräfte in einem Unternehmen. Durch eine gekapselte und von der Produktion abgeschnittene Umgebung kann ein Szenario nach Wunsch erschaffen und dokumentiert werden. So kann es praktisch ohne Ausfallzeiten in die Produktivumgebung implementiert werden und es wäre bereits Know-How aufgebaut.

Die Hochverfügbarkeit spielt in der heutigen globalisierten IT-Welt eine große Rolle. Eine Hochverfügbarkeit eines Systems ist ab 99 % Verfügbarkeit im Jahr definiert. Dennoch kann es einen Ausfall von drei bis vier Tagen bedeutet.[31] Auch hier ist die Virtualisierung ein wichtiges Werkzeug zur Realisierung dieser Vorgabe. Für Kelbey et al. besteht die Hochverfügbarkeit aus zwei Bestandteilen. Zum einen aus der Business Continuity und zum anderen aus der Desaster Recovery. Business Continuity spezifiziert einen möglichst sicheren Betrieb von Systemen und Desaster Recovery eine möglichst schnelle und automatisierte Fehlerbehandlung.[32] Die Virtualisierung erlaubt es, in Bezug auf geplante Ausfallzeiten, für notwendige Wartungsarbeiten diese gänzlich zu verhindern. Vorrangig entfallen sämtliche durch

---

[30] Vgl. Thorns, F. (2008), S.42

[31] Vgl. Lanzrath (2012), S.45

[32] Vgl. Kelbley,J. et al. (2010), S.23 ff

HW-Wartungen und –Reparaturen verursachte Ausfälle, da in einer virtuellen Umgebung sämtliche Systeme autark laufen und migriert werden können. Die virtuellen Systeme werden von der zu wartenden HW auf einen freien Server verschoben und die zu wartende HW kann geprüft werden. Demzufolge laufen die virtuellen Umgebungen störungsfrei und können weiterhin produktiv eingesetzt werden. Nach Abschluss der Wartung werden die Systeme auf ihre ursprüngliche HW zurückmigriert.[33] Endanwender können ohne Einschränkung Ihre Umgebung weiternutzen und gewohnt weiterarbeiten.

Ferner ist die effiziente Nutzung von Energie in Zeiten steigender Energiepreise in den Vordergrund der IT gerückt. Vorrangig ist hier der Begriff Green IT zu nennen. Dieser durch das Marketing getragene Begriff hat als wichtigen Bestandteil die Virtualisierung. Im Fokus stehen hier die Ressourcenschonung und die Energieeffizienz, wie bspw. das Einsparpotenzial beim Stromverbrauch.[34] Im Weiteren bietet eine Virtualisierungslösung die Möglichkeit den Energieverbrauch zu senken ohne die Rechenleistung zu verändern.

Aus den aufgeführten Use Cases ist schnell ersichtlich, dass die eigenen Anforderungen an die Virtualisierungstechnologien sich aus dem Einsatzzweck erörtern. Die essentielle Frage hierbei ist die nach dem konkreten Ziel. Was will erreicht werden? Wo kann die Virtualisierung helfen? Um ein greifbares Ziel zu benennen ist eine Sondierung und Klassifizierung der Vor- und Nachteile ein geeignetes Mittel.

3.2 Marktübersicht

Die Marktübersicht erstreckt sich über die Hard- und Software. Durch die zurückliegende Entwicklung der Informationstechnologie bietet der Markt eine große Vielfalt an Komponenten. Zunächst ist die aktuelle Übersicht des HW-Marktes zu nennen. Das Theorem von Popek und Goldberg legt fest, welche Grundvoraussetzung durch die HW geschaffen sein muss, um als virtualisierbar zu gelten.[35] Die damalige x86 Architektur der Prozessoren konnte dieses Kriterium nicht erfüllen. Erst durch die Einführung einer neuen Prozessorgeneration ab dem Jahr 2006 durch die beiden großen Prozessorhersteller Intel und AMD konnten die Voraussetzungen von Popek und Goldberg geschaffen werden. Intel brachte seine

---

[33] Vgl. Thorns, F. (2008), S.51
[34] Vgl. Müller, D. (2008)
[35] Vgl. Hoopes, J. (2009), S. 24f

VT genannte Technologie heraus. AMD veröffentlichte seine Lösung namens AMD-V. Seitdem werden die Prozessoren von beiden Unternehmen durch neue Funktionen und Befehle regelmäßig erweitert. Die existierende Funktionsdichte ermöglicht eine weitere Beschleunigung der Virtualisierung und bietet, je nach Modell und Hersteller, Performancevorteile gegenüber dem Wettbewerbsprodukt. Grundsätzlich ist jedoch die Funktionsdichte nahezu identisch bei beiden Herstellern und unterscheidet sich nur marginal. Prozessoren von AMD sind kostengünstiger gewesen und weisen somit einen finanziellen Kontrast zu den teureren Prozessoren von Intel auf.[36]

Ebenfalls vielfältig zeigt sich die Übersicht an Virtualisierungssoftware am Markt. Neben einigen Open Source Projekten wie Open Source Xen haben sich die Hersteller VMware, Citrix und Microsoft am Virtualisierungsmarkt etabliert. VMware gilt als führender Hersteller. Dabei bilden VMware ESX und ESXi eine weitreichende Produktpalette, die von VMware seit 1998 unentwegt weiterentwickelt wird.[37] VMware deckt durch ihre Marktpositionierung mit der kostenlose Variante ESXi und der High-End-Lösung ESX den Virtualisierungsmarkt ab. Einen ähnlichen Ansatz verfolgt der Hersteller Citrix mit dem Produkt Xen Server. Grundsätzlich ist der Einsatz aller Virtualisierungslösungen von Citrix kostenlos, jedoch stark in der Nutzung eingeschränkt. Durch erworbene Lizenzmodelle steigt der Funktionsumfang und die Nutzung ist uneingeschränkt. Der jüngste bekannte Hersteller ist seit 2009 Microsoft mit dem Produkt Hyper-V. Microsoft musste zunächst um eine Marktposition kämpfen und erzielte zu Beginn nicht die Funktionsvielfalt von VMware und Citrix. Mittlerweile konnte Microsoft dieses Defizit neutralisieren und ist eine gute Alternative.[38] Eine Übersicht über die aktuellen Marktanteile der drei großen Hersteller bildet das folgende Diagramm.

Virtualisierungshersteller-Markt

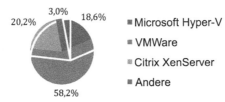

Abbildung 2: Derzeitige Marktanteil der Virtualisierungshersteller (in Anl. an idicos, 2012)

---

[36] Vgl. Leitenberger, B. (2012), S.195
[37] Vgl. Reihle, S. (2009),S.19
[38] Vgl. Carvalho, L. (2012), S. 1f

Letztlich sind die eigenen technologische Anforderungen und der finanzielle Rahmen ausschlaggebend für die Wahl, welcher Hersteller mit welchem Produkt eingesetzt werden sollte.

3.3 Untersuchung der betriebswirtschaftlichen Effekte

Dieser Anschnitt stellt die betriebswirtschaftlichen Effekte durch die Implementierung der Virtualisierung gegenüber einem klassischen Ansatz dar. Nach Scheiber sieht eine Berechnung tabellarisch wie folgt aus.

	Rackserver	VMware
HW	1 CPU, 2 GB RAM, 150GB HDD	4 CPU's, 20 GB RAM, 150GB HDD
Service Level Agreement	5 Jahre / next day	5 Jahre 4h / 24 x 7
Preis pro Stück	3864 €	19269 €
Anzahl der Server	16	2
VMware Support	-	27108€
Anschaffungskosten	61824€	65646€

Tabelle 1: Rechenbeispiel Anschaffungskosten; konventionelle vs. virtualisierte Lösung (in Anl. an Scheiber, A., 2012: S.30)

In dieser Beispielrechnung findet ein Preisvergleich zwischen einem klassischen Racksystem und einer Virtualisierungslösung der Firma VMware Faktor 1:8 statt. Es ist ersichtlich, dass die Anschaffungskosten einer virtuellen Lösung gegenüber einer konventionellen ungefähr 6% höher liegen. Insbesondere die hohen Stückkosten der virtualisierten Lösung – verursacht durch ein anderes SLA-Modell mit einer geringeren Ausfalltoleranz – lassen die Investitionsmenge steigen.

Eine weiterführende Betrachtung der betriebswirtschaftlichen Kosten nach Scheiber ergibt sich bei den Energie- und Kühlungskosten. Die europäische Regelung Code of Conduct on Data Centres Energy Efficiency befasst sich mit Effizienz und den Energieverbrauch in Bezug auf Server.[39] Für die folgende Berechnung wird sich auf die HW-Angaben (Tabelle 1) aus dem Rechenbeispiel zuvor bezogen.

	Rackserver (Anzahl 16)	VMware (Anzahl 2)
Leistungsaufnahme	316 W	1125 W
Kühlleistung	474 W	1688 W
Gesamtleistung	790 W	2813 W

---

[39] Vgl. European Commission (2013)

Laufzeit	24h / 365 d	
Energieverbrauch Jahr	6920 kWh	24638 kWh
Stromkosten pro kWh	0,15 €	
Energiekosten pro Jahr	16609 €	7391 €
Energieverbrauch bei einer Laufzeit von:		
2 Jahren	33218 €	14783 €
5 Jahren	83045 €	36956 €
10 Jahren	166090 €	73912 €

Tabelle 2: Rechenbeispiel Energieverbrauch (in Anl. an Scheiber, A., 2012: S.32)

Bereichs nach einem Jahr ist erkennbar, das die virtualisierte Umgebung deutlich sparsamer und effizienter zu betreiben ist. In jedem folgenden Jahr ist eine Einsparung des 4,6 fachen Wertes an Energiekosten realisierbar.[40] Dieser Vorteil setzt sich immer weiter von der klassischen Rackarchitektur ab. Vorausgesetzt die Energiekosten bleiben konstant und zusätzliche HW-Anschaffungen, wie z.B. ein Storage-System, müssen nicht getätigt werden.

Diese Berechnungen erlauben es, ein greifbares Fazit über die ungefähre Kostenlage zu bekommen und dienen als Ausgangspunkt zur Leistungsberechnung.

4 Bewertung und Verbesserungsvorschläge

Die IT-Infrastruktur eines modernen Unternehmens sollte ein offenes Ohr für einen sich wandelnden Markt haben, um zwischen Hype und notwendiger Zukunftsinvestition unterscheiden zu können. Die Virtualisierung hat gegenwärtig den Status „eines Trends" verlassen und hat sich im breiten Markt für ein dynamisches zukunftsorientiertes Rechenzentrum (RZ) etabliert. Im folgenden Kapitel wird auf den Entwicklungsgrad und das Potenzial eingegangen. Jedoch ergeben sich Problemfelder und Grenzen bei der Virtualisierung, die eine Implementierung in eine verwachsene Struktur scheitern lassen können. Daraus resultieren Verbesserungsmöglichkeiten, mit der sich die Virtualisierung zur tragenden Komponente entwickelt.

---

[40] Vgl. Scheiber, A. (2012), S.32

4.1 Stand der Entwicklung

In Kapitel 3.2 wurde bereits die Marktsituation erläutert. Die Weiterentwicklung der einzelnen Produkte verfolgen alle Hersteller wegen des großen Wettbewerbs mit viel Engagement. Innerhalb der letzten Jahre entwickelte sich so eine große Diversität am Markt. Als Folge daraus schaffen es nur noch namenhafte, finanziell starke, Unternehmen, wie zuletzt Microsoft, in den umkämpften Kernmarkt. Dabei ist eine Ausbreitung der Virtualisierung im gesamten IT-Umfeld zu erkennen. Das Synonym der Virtualisierung findet über diese Seminararbeit hinaus in vielen Facetten eines RZ's statt. Die Virtualisierung wird gegenwärtig als Ansatz für weiterführende, neue Technologien verstanden. Aufzuführen sind hierbei vor allem das aus Kapitel 3.1 erläuterte Schlagwort Green IT, sowie der jüngste Branchentrend Cloud Computing.[41] Eine Definition nach Metzger beschreibt das Cloud Computing als die „dynamische Zurverfügungstellung von IT-Ressourcen (HW, Software oder Dienstleistungen) durch Externe über ein Netzwerk."[42]

Inzwischen spricht man von Benutzer-, Applikations- und Speichervirtualisierung. Diese neuen Möglichkeiten sind als kleine Rädchen von vielen zu sehen. Erst die Kombination aus vielen Teilkomponenten erreicht das Ziel einer modernen Infrastruktur. Die Virtualisierung im Serverumfeld bleibt dennoch der Grundstein.

4.2 Nutzerpotenzial der Virtualisierung

Durch die besonderen Anforderungen an die Virtualisierung kristallisiert sich ein enormes Potenzial heraus, das im Folgenden beschrieben wird.

Der bemerkenswerteste Vorteil der Virtualisierung ist das Potenzial der Effizienz. Über eine deutlich verbesserte Skalierung mit einer modernen HW-Infrastruktur ist es möglich, gegebene Ressourcen besser auszunutzen. Systeme, die bspw. 70 % ihrer vorhandenen HW nicht nutzen, verbrauchen jedoch annähernd 100% an Energie und Kühlung. Wobei eine RZ-Landschaft mit homogenen ausgelasteten System Kosten spart, da eine geringere Anzahl an hochwertiger HW notwendig wäre.[43] Weitere Kosteneinsparungen finden sich in der Administration von virtualisierten Umgebungen. Laufende produktive Systeme können für Analysen geklont werden. Wunschkonfigurationen von Kunden können vorgehalten und im Einsatzfall schnell und kundenorientiert realisiert werden. Fehler können ohne Einschränkung und in Echtzeit in einer Testumgebung analysiert werden. Durch ein spezielles

---

[41] Vgl. Vogel, R. et al. (2010), S. 4f
[42] Metzger, Ch et al. (2011), S.2
[43] Vgl. Terplan, K. et al. (2011), S. 34

Sicherungsverfahren kann zu einem beliebigen Punkt des Systems wiederhergestellt werden. Eine zeitaufwändige Reinstallation nativer HW ist nicht mehr nötig. Es ergeben sich massive Einsparungen bei den Mitarbeiterressourcen.[44] Heut zu Tage ist die Flexibilität für viele Unternehmen in der IT-Branche sehr wichtig geworden. Hinsichtlich der Virtualisierung kann diese Flexibilität vor allem durch virtuelle Server gewonnen werden. Lediglich die Basis des Hypervisors bildet die physikalische Komponente. Neue Server werden zeitnah auf dieser Grundlage über eine passende Virtualisierungslösung dynamisch und kundenorientiert bereitgestellt. So kann auf jede Anforderung gezielt und schnell reagiert werden.

Die Kosteneffizienz, die Flexibilität und die Einsparung von HW zeigen auf, welchen großen Benefit die Virtualisierung gegenüber konventionellen Technologien haben kann.

4.3 Problemfelder und Grenzen

Eine große Gefahr ist die je nach Umgebung der Faktor der Neuinvestitionen. Um eine virtualisierte Lösung in ein bestehendes Rechenzentrumskonzept zu implementieren, bedarf es einer technologisch passenden HW-Architektur aus Kapitel 3.2, sowie eine aktuelle Netzwerkstruktur. Je nach Größe und Grad der geplanten Virtualisierung im RZ kann eine hohe Investitionssumme notwendig sein. Hiervor schrecken noch zahlreiche Unternehmen zurück und geben der Virtualisierung keine Chance zur Entwicklung.

Der Datenfluss in einem RZ ändert sich ebenfalls durch die Virtualisierung. Das sorgt dafür, dass es einen Aus- und Umbau der Netzwerkkomponenten und –verkabelung geben kann, um die neuen Datenmengen zu bewältigen. Nach Scheiber darf „Virtualisierung nicht dazu führen, IT wieder undurchsichtig zu verflechten. Alle in den letzten Jahren angewendeten und entwickelten Standardisierungs- und Messsysteme müssen Berücksichtigung finden, analog gültig wie bereits in physikalischen Umgebungen.“[45] Natürlich ist kurzfristig auch ein höher Aufwand für das Personal nicht umzulenken. Denn die zuständigen Mitarbeiter müssen sich durch Schulungen und Trainings mit der neuen Infrastruktur auseinandersetzen und grundsätzlich neue Ansätze aufbauen. Dieser Prozess kann – je nach Unternehmensstruktur - eine gewisse Zeit in Anspruch nehmen. Der große Vorteil der Virtualisierung, dass mehrere virtuelle Instanzen auf einer physikalischen HW arbeiten, birgt aber auch ein großes Problemfeld. Unternehmenskritische

---

[44] Vgl. Larisch, D. (2009), S.15
[45] Scheiber, A. (2012), S.33

Anwendungen auf VM's können im Zweifel auf nur einem physikalischen Server untergebracht sein. Ein Ausfall dieses essentiellen Servers kann zu einer unternehmensweiten Störung eines Kerngeschäftes führen.[46] Zudem kann die Verantwortung einzelner Anwendungen und Server durch die Virtualisierung verschwimmen. Verantwortliche Administratoren sind nunmehr für etliche VM's zuständig und nicht nur für eine physikalische HW. Es kann zu einer intransparenten Struktur im RZ-Betrieb kommen.

Die Virtualisierung als dynamische Komponente im RZ kann nur durch Investitionen und Einsatz an das gesteckte Ziel kommen.

4.4 Ableitung von Verbesserungsoptionen

Wie in Kapitel 4.2 und 4.3 aufgezeigt bietet die Virtualisierung technologisch und wirtschaftlich viel Nutzen, aber auch einige Gefahren. Daraus ergeben sich aufbauende Verbesserungsvorschläge.

Getragen durch das große finanzielle Risiko bei der Implementierung ergibt sich hier ein großes Optimierungspotenzial. Die Kosten können innerhalb eines *Proof of Concept* abgewägt werden. Hierbei wird eine im kleinen Rahmen geschaffene Virtualisierungsumgebung mit gewünschten Inhalten zur Verfügung gestellt. Durch dieses Konzept ist eine wirtschaftliche und technologische Betrachtung greifbar und kann potenziert auf ein RZ übertragen werden. Insbesondere die Nutzbarkeit durch die Administratoren kann im Vorfeld abgestimmt werden. Denn durch eine schlecht verwaltbare Virtualisierungstechnologie können im Zweifel weitere Investitionen entstehen. Eine zusätzliche Verbesserungsoption wäre durch eine einheitliche und zentrale Managementapplikation möglich. Es wird angenommen, in einem RZ existieren wegen der unterschiedlichsten Anforderungen zahlreiche Virtualisierungslösungen von differenzierten Herstellern. Jeder Hersteller bietet natürlich seine eigene Managementoberfläche an, die, obwohl die Funktionalität bei vielen Virtualisierungslösungen ähnlich ist, visuell unterschiedlich aufgebaut ist. Eine Lösung durch eine Managementapplikation mit einem heterogenen Oberflächenaufbau für Virtualisierungstechniken könnte viel Transparenz schaffen. Die Einarbeitung würde nur noch an einer Oberfläche stattfinden. Und ein Know-How-Transfer durch die kollektive Nutzung würde entstehen, wodurch ein großer Vorteil in der Verwaltbarkeit, Bereitstellung und Fehleranalyse entstehen könnte.

---

[46] Vgl. Ahnert, S. (2008), S. 27

5 Zusammenfassung und Ausblick

Die Virtualisierung begann als großer Hype in einer gesättigten Branche. Sie stand vielen kritischen Fragen gegenüber. Jedoch zeigten die im Zuge dieser Seminararbeit aufkommenden Chancen eine neue Betrachtungsweise im ökologischen und ökonomischen Sinne für die zukünftige IT. Folglich ist nicht mehr von einem Hype die Rede, sondern von einem wichtigen Bestandteil der IT. Der enorme Nutzen durch gesteigerte Effizienz und starke Konsolidierung betrifft sämtliche Unternehmensstrukturen und kann bereits frühzeitig Schwachstellen aufdecken und schließen. Die Realisierung in einem mittelständischen Unternehmen bspw. ist definitiv möglich.

Die Virtualisierung ist mit ihrer Entwicklung noch nicht am Ende. Durch das große Potenzial, das sowohl Hersteller als auch Unternehmen erkannt haben, ist eine maximale Faktorsteigerung des Virtualisierungsgrades in nächster Zeit möglich. Blickt man in die Zukunft scheint eine Rechenzentrumsstruktur ohne einen Virtualisierungsansatz nicht mehr wirtschaftlich und nicht mehr dem heutigen Stand der Technik zu entsprechen. Der in Kapitel 4.1 erfasste Begriff Cloud Computing ist der weiterführende Meilenstein in der Virtualisierung. Dabei steht Cloud für den englischen Begriff Wolke. Sinnbildlich bedeutet dieser Marketingbegriff IT-Ressourcen dynamisch über ein Netzwerk zur Verfügung zu stellen. Rechenleistung aus der Steckdose als Service. Und genau hier ist die Gemeinsamkeit zur Virtualisierung. Der genannte Nutzen kann unter dem Trend Cloud Computing abermals gesteigert werden. Bezahlt wird nur, was auch wirklich genutzt wird. Es entstehen nochmals massive Einsparungen. Jedoch entstehen durch einen solchen Trend weitere Gefahren und Problematiken. Augenblicklich wird bspw. der Datenschutz in einer Cloud sehr kritisch hinterfragt.

Aktuell befindet sich der Markt im Hard- und Software-Umfeld in der Einordnung dieses Begriffes. Was zu einer Diversifizierung einzelner Teile der Technologie führen wird und neue Begriffe unter dem Hauptschlagwort Cloud Computing bringen wird. Jedoch wird die Grundidee, virtualisierte Infrastruktur als Service über das Netzwerk anzubieten, bleiben.

Literaturverzeichnis

Achilles, A. (2006). *Betriebssysteme : eine kompakte Einführung mit Linux.* Berlin, Deutschland: Springer Verl.

Ahnert, S. (2008). *Virtuelle Maschinen mit VMware und Microsoft:* (2. aktualisierte Ausg.). München: Addision-Wesley Verl.

Brendel, J.-C. (2006). Virtualisierung. *Linux Technical Review*(2006/07), S. 3.

Carvalho, L. (2012). *Windows Server 2012 Hyper-V Cookbook.* Birmingham, UK: Packt Publ.

Chroust, M., & Richey, D. (2006). it administrator Sonderheft: Virtualisierung.

Conrad, E. (2012). *CISSP study guide .* Waltham, USA: Syngress.

Gübeli, R., Käser, H., Klaus, R., & Müller, T. (2004). *Technische Informatik II.* Zürich: Hochschulverl. an der ETH.

Hoopes, J. (2009). *Virtualization for security.* Burlington: Syngress Publ.

Kelbley, J., & Sterling, M. (2011). *Hyper-V: Windows Server 2008 R2* (1. Ausg.). Hamburg: Hüthig Jehle Rehm Verl.

Kofler, M. (2008). *Linux: Installation, Konfiguration, Anwendung* (8. Ausg.). Addison-Wesley-Verl.

Kofler, M. (kein Datum). *Linux 2011 : Debian, Fedora, openSUSE, Ubuntu .* München, Deutschland: Addison-Wesley.

Lampe, F. (2010). *Green-IT, Virtualisierung und Thin Clients* (1. Ausg.). Wiesbaden: Vieweg & Teubner.

Lanzrath, M. (2012). *Cloud Computing -Chance oder Risiko?* Hamburg: Diplomica Verl.

Larisch, D. (2009). *Praxisbuch VMware Server 2: das praxisorientierte Nachschlagewerk zu VMware* (2. Ausg.). München: Carl Hanser Verl.

Leitenberger, B. (2012). *Computergeschichte(n) : die ersten Jahre des PC .* Norderstedt, Deutschland: Books of Demand.

Meinel, C., Willems, C., Roschke, S., & Schnjakin, M. (2011). *Virtualisierung und Cloud Computing: Konzepte, Technologiestudie, Marktübersicht.* Potsdam: Universitätsverl. Potsdam.

Metzger, C., Reitz, T., & Villar, J. (2012). *Cloud Computing.* München, Deutschland: Carl Hanser Verl.

Müller, D. (27. März 2008). *Silicon.* Abgerufen am 9. September 2013 von Silicon: http://www.silicon.de/39188800/virtualisierung-foerdert-green-it/

o.V. (kein Datum). *European Commission.* Abgerufen am 15. September 2013 von
 http://iet.jrc.ec.europa.eu/energyefficiency/ict-codes-conduct/data-centres-
 energy-efficiency

Picht, H.-J. (2009). *Xen-Kochbuch* (1. Ausg.). Köln, Deutschland: O'Reilly Verl.

Radonic, A., & Meyer, F. (2006). *Xen 3.* Poing: Franzis Verl.

Reihle, S. (2010). *Virtualiserung VMware ESX 4.0, ESXi 4.0* (1. Ausg.).
 Bodenheim: Herdt-Verl.

Scheiber, A. (2012). *Servervirtualisierung.* Hamburg: Diplomica-Verl.

Stelzhammer, P., & Klauser, G. (2009). *Total Cost of Ownership (TCO) & Green-
 IT : Energieeffizienz und Kostenoptimierung in der IT.* Norderstedt,
 Deutschland: Books of Demand.

Sturm, C., Ebel, N., & Groh, J. (2009). *VMware Infrastructure 3 im Business-
 Umfeld.* München: Addison-Wesley Verl.

Terplan, K., & Voigt, C. (2011). *Cloud Computing.* Heidelberg, Deutschland: mitp.

Thorns, F. (2008). *Das Virtualisierungs-Buch* (2. Ausg.). Böblingen: C & L,
 Computer- und Literatur-Verl.

Van Wasen, T. (2010). *Virtualisierung von Desktops versus Terminalserver.*
 Hamburg: Diplomica Verl. GmbH.

Vogel, R., Kocoglu, T., & Berger, T. (2010). *Desktopvirtualisierung: Definitionen -
 Architekturen - Business-Nutzen.* Wiesbade, Deutschldn: Vieweg+Teubner
 Verl. / Springer Fachmedien.

Weyergraf, T. (2009). Virtualisierung. *IT-Administrator*(2009/2).

Xu, J. (2009). *Virtualisierung als Möglichkeit der Optimierung des IT-
 Managements* (1. Ausg.).

Glossar

Business Continuity

Dieser englische Begriff beschreibt Maßnahmen, zur Fortführung des Kerngeschäftes nach Eintritt eines Krisenfalls.

Citrix

Ebenfalls ein US-amerikanisches Softwareunternehmen und ein großer Konkurrent für VMware im Virtualisierungsmarkt.

CPU

Steht für *Central Processing Unit* und beschreibt den Prozessor.

Desaster Recovery

Gehört zu den Maßnahmen der Business Continuity und enthält weitere spezifische Maßnahmen nach Eintritt eines Unglücksfalles(Erdbeben, Feuer) in der Informationstechnik.

Green IT

Bezeichnet die nachhaltige Herstellung, den ökologischen Einsatz und eine schonende Entsorgung von IT-Ressourcen über den gesamten Einsatzzyklus.

HW

Als HW bezogen auf die IT beschreibt allgemein den Oberbegriff für mechanische und elektronische Komponenten eines Computersystems.

Host

Ein Host (englisch für Wirt, Gastgeber) ist ein im Netzwerk eingebundene Rechensystem mit einem Betriebssystem.

HDD

Die Hard Disk Drive steht für eine Festplatte als Massenspeicher in einem Computer. Hier werden sämtliche Daten, z.B. Das Betriebssystem, abgespeichert.

Images

Images beschreiben in der IT ein Abbild von Daten. Bspw. von einem Betriebssystem oder einer Applikation.

Open Source

Open Source ist eine quelloffene Software, deren Lizenzbestimmung besagt, das der verwendete Quelltext der Öffentlichkeit gehört und weitergeben werden kann.

OSI-Schichtenmodell

Das Open Systems Interconnection Model beschreibt ein standardisiertes Referenzmodell über die Kommunikation zwischen Computersystemen.

Prozessor

Der Prozessor ist die zentrale Rechenkomponente eines Systems und ist zuständig für die Ablauf und Ausführung von Operationsbefehlen.

Proof of Concept

PoC ist eine Möglichkeit des Projektmanagements. Es zeigt die Machbarkeit innerhalb des gesetzten Rahmens auf.

Racksystem (-server)

Beschreibt eine Architektur die eine gewisse Menge an Elementen, Server, zu einer zentralen Einheit zusammenfasst.

RAM

Das Random Access Memory, umgangssprachlich auch Arbeitsspeicher genannt, ist ein zentraler Hauptspeicher eines Computersystems. Inhalte bleiben nicht, wie auf einer Festplatte, kontinuierlich gespeichert.

VMware

Ist ein US-amerikanisches Unternehmen, das vor allem Software im Bereich der Virtualisierung entwickelt.

Snapshot

Beschreibt einen Wiederherstellungspunkt innerhalb einer Software. Dabei kann durch einen im Vorfeld erstellen Snapshot auf den vorherigen Zustand der Software zurückgegriffen werden.

SLA

Ist die Abkürzung für das Service Level Agreement.

Service Level Agreement

Beschreibt die vertraglichen Vereinbarungen zwischen Arbeitgeber und Dienstleister.

Storage-System

Storage Systeme sind Speichersysteme mit großen Managementmöglichkeiten. Diese werden vor allem in RZ-Umgebungen eingesetzt.

Use Case

Steht für einen Anwendungsfall mit entsprechenden Szenarien und Möglichkeiten.

x86 Architektur

ist eine Abkürzung für eine Prozessorarchitektur entwickelt durch die beiden Hersteller Intel und AMD.